¿? Pregunta esencial
¿Cómo se parecen las crías
a sus padres?

Familias de animales

Deborah November

Capítulo 1
Familias de ciervos 2

Capítulo 2
Crías en bolsas. 6

Capítulo 3
Nacidos de huevos 10

Respuesta a la lectura. 15

LECTURA COMPLEMENTARIA De renacuajos a ranas. 16

Glosario/Índice 19

STEM Enfoque: Ciencias 20

Familias de ciervos

Las personas cuidan a sus bebés cuando son pequeños. Los animales también cuidan a sus crías. Incluso algunos viven en familias.

Crías de ciervos

El ciervo es un mamífero, igual que tú. Los mamíferos no nacen de huevos. Las hembras tienen entre una y tres crías por vez. Las crías, o **cervatos**, caminan al poco tiempo de nacer. Se tambalean, ¡pero pueden caminar!

Las hembras alimentan a sus crías durante dos meses, aproximadamente.

Los ciervos comen frutas, nueces y hojas.

Los cervatos no tienen olor. Por eso, sus **enemigos** no pueden hallarlos. La madre oculta a sus cervatos entre arbustos. Los cervatos también tienen manchas. Estas los ayudan a ocultarse entre las hojas. Las manchas desaparecen cuando crecen.

Ciervos jóvenes

Los ciervos jóvenes permanecen con sus madres por uno o dos años. Luego, pueden cuidarse solos. A los machos les salen **astas**. Las astas tardan algunos meses en comenzar a crecer.

A las hembras de ciervo no les crecen astas.

Las astas están formadas por hueso.

Las astas se desprenden una vez al año.
Luego, vuelven a crecer. Al convertirse
el ciervo en adulto, las astas pueden ser
más grandes. Si el ciervo es saludable,
estas tienen más puntas.

Capítulo 2

Crías en bolsas

Algunos animales tienen una **bolsa** en el vientre. La madre lleva a su cría allí dentro.

Canguros

Al nacer, la cría tiene el tamaño de una uva. Luego, aumenta mucho de tamaño. El canguro rojo gigante es el más grande de Australia.

La mayoría de los canguros viven en Australia.

Los canguros son un tipo especial de mamífero.

¡Una mamá puede cuidar tres crías a la vez! Una está dentro de ella. Otra está en su bolsa. La tercera está fuera de la bolsa. A esta cría todavía le sigue dando de mamar.

El canguro sale de la bolsa. ¡Comienza a brincar! Los canguros no pueden caminar de la misma manera que los humanos. Sus fuertes patitas están preparadas para brincar.

Los canguros brincan usando sus patas traseras.

Detective del lenguaje

Halla un sustantivo diminutivo en esta página. ¿Cuál sería un sustantivo diminutivo de bolsa?

Los koalas duermen casi todo el día.

Koalas

Los koalas también viven en la bolsa de su madre. Permanecen allí de cinco a siete meses. Al principio, la mamá koala y su cría no se parecen. El koala es diminuto y no tiene pelo al nacer. Pero una vez que crece, está cubierto por un grueso pelaje gris. Los koalas tienen garras especiales. Las usan para limpiarse y acicalarse.

9

Capítulo 3

Nacidos de huevos

Algunos animales ponen huevos con las crías dentro. Los padres cuidan los huevos.

Pingüinos

Las crías de pingüinos, o **pichones**, nacen de huevos. La madre pone el huevo y se va a buscar alimento. El padre lo cuida por unos 65 días. Lo mantiene abrigado entre sus patas.

Los pingüinos son aves, pero no pueden volar.

Los pingüinos reconocen el llamado de su cría.

El papá pingüino no tiene nada para comer durante todo ese tiempo. ¿Te lo imaginas? Cuando la cría nace, o rompe el cascarón del huevo, la madre regresa. Es el turno del padre de ir a comer. La cría de pingüino está cubierta de <u>plumas</u> grises. Cuando crezca, se parecerá a sus padres.

Detective del lenguaje	Halla la palabra subrayada. ¿Cuál es su diminutivo?

Caimanes

Los caimanes hembra ponen al menos 20 huevos. La madre cuida los huevos en el **nido**. Luego, los huevos se rompen. La madre oye los ruidos que hacen las crías. Así es como sabe que están preparadas para salir del nido.

Muchos caimanes viven en Florida.

Los caimanes son buenos nadadores.

Las crías son muy pequeñas. Miden unas seis pulgadas de largo. La hembra puede parecer aterradora, pero es una buena madre. Protege a sus crías. Las ayuda a mantenerse vivas.

Las madres cuidan a sus crías por casi dos años. Las crías crecen hasta un pie por año. ¡Imagínate el tamaño que tendrías si fueras un caimán!

Las madres y los padres cuidan muy bien a sus crías. Las familias de animales se parecen mucho a las familias de humanos.

Los caimanes son reptiles, como los lagartos y las serpientes.

Respuesta a la lectura

Resumir

Usa detalles importantes para resumir *Familias de animales*.

Tema principal		
Detalle	Detalle	Detalle

Evidencia en el texto

1. ¿Cómo sabes que *Familia de animales* es texto expositivo? Género

2. ¿Cómo es la familia de un caimán? Usa detalles para apoyar tu respuesta. Tema principal y detalles clave

3. ¿Qué palabra de la página 11 significa también "elemento para escribir"? Palabras con significados múltiples

4. ¿Cómo cuidan los papás pingüinos a los huevos? Escribir sobre la lectura

Compara los textos

Lee sobre los renacuajos y cómo se convierten en ranas.

De renacuajos a ranas

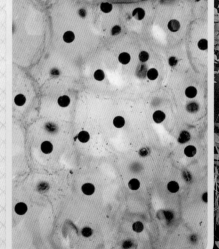

Al nacer, los renacuajos, o crías de ranas, no se parecen a las ranas. Las ranas vienen de huevos. Los huevos están debajo del agua.

Cuando el huevo se rompe, el renacuajo nace.

Los renacuajos recién nacidos parecen peces.

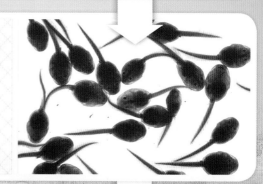

Los renacuajos tienen cola, boca y agallas. Usan las agallas para respirar.

cola

agallas boca

Luego, al renacuajo comienzan a crecerle patas.

La cola del renacuajo desaparece.

¡Ahora el renacuajo es una rana! Sale del agua brincando hacia la tierra.

Haz conexiones

¿Cómo crecen los renacuajos hasta ser como sus padres? Pregunta esencial
¿En qué se parecen los renacuajos a otras crías? El texto y otros textos

Glosario

astas cuernos sólidos en forma de rama que tienen los ciervos *(página 4)*

bolsa bolsillo que tienen algunas hembras, donde llevan a sus crías *(página 6)*

cervato cría del ciervo *(página 2)*

enemigo aquel que quiere atacar o herir a alguien *(página 3)*

nido lugar donde los animales ponen huevos o cuidan a sus crías *(página 12)*

pichón cría de las aves *(página 10)*

Índice

asta, *4–5*

bolsa, *6–9*

caimán, *12–14*

canguro, *6–8*

ciervo, *2–5*

huevo, *10–14, 16–17*

koala, *9*

pingüino, *10–11*

rana, *16–18*

renacuajo, *16–18*

Enfoque:
Ciencias

Propósito Aprender cómo las crías de animales se parecen a sus padres

Paso a paso

Paso 1 ▶ Con un compañero o una compañera, elige dos animales de este libro.

Paso 2 ▶ Haz un dibujo de cada animal cuando todavía es una cría.

Paso 3 ▶ Intercambia los dibujos con tu compañero o compañera. Dibuja cada animal cuando ya es adulto.

Conclusión Comenta cómo se parece la cría al adulto. Después, comenta cómo se diferencian. ¿Cómo cambia el animal a medida que crece?